GUERRE DE 1870

Le 13ᵉ bataillon
des
Mobiles de la Seine

PARIS
IMPRIMERIES A.-G. L'HOIR
26, RUE DU DELTA

1910

*Offert a la bibliothèq[ue]
nationale en reconnaissance
et tout de servis rendus
André Sabatier*

   1870-1871

8° Lh⁴
3002

A. SABATIER 1870-1871

SOUVENIRS D'UN SOUS-LIEUTENANT

Le 13ᵉ bataillon
des
Mobiles de la Seine

Pourquoi ce récit ?

Ces lignes ont pour objet de rappeler à quelques-uns de mes camarades ce que fut, de juillet 1870 à février 1871, notre vie au 13e bataillon des mobiles de la Seine ; je veux aussi laisser à mes enfants et à mes petits-enfants un souvenir de cette période tragique, trop complètement ignorée par la génération actuelle.

Bien des années se sont succédé depuis 1870 ; nos camarades pour la plupart ont disparu, et ce qu'il en reste ne formerait pas une compagnie. Celui qui trace ces lignes est bien près du terme de son existence ; il veut consacrer ses derniers loisirs à raconter comment se comportèrent, devant l'ennemi, de braves gens improvisés soldats, après la défaite de nos armées régulières. La mémoire lui revient peu à peu, grâce à des correspondances retrouvées et aux réminiscences de ceux de ses compagnons qu'il a pu grouper autour de lui.

Les lecteurs se rendront compte de l'apprentissage que nous avons fait devant l'ennemi ; notre patriotisme n'a pu suppléer à notre insuffisance militaire ; nous sommes accourus à l'appel de la France et nous avons fait de notre mieux pour sauver une partie déjà perdue. Je souhaite à ceux qui, plus tard, auront à défendre notre cher pays, une préparation plus sérieuse, mais je leur souhaite aussi notre mentalité de 1870 et l'enthousiasme qui remplissait nos cœurs.

L'Armée active.   Le service militaire était alors de sept ans pour ceux qui avaient tiré un mauvais numéro ; toutefois une partie du contingent était, après six ou huit mois de séjour à la caserne, mise en disponibilité et renvoyée dans ses foyers, sauf à rejoindre le corps sur un ordre du Ministre de la Guerre. Pour ceux qui, par suite du tirage au sort, devaient servir, la loi autorisait le rachat au moyen d'un remplaçant ; la prime à verser était d'environ 2.500 francs ; de nombreuses tontines assuraient contre les mauvais numéros. L'éventualité de manier le fusil n'entrait pas dans les prévisions des Français, autres que les engagés et les non rachetés.

Dans chaque classe, les exonérations pour soutien de famille et bons numéros profitaient à un grand nombre de jeunes hommes, qui se trouvaient, ainsi que les rachetés, dégagés de tout devoir patriotique.

La Garde mobile.   Devant l'incertitude de l'avenir, le maréchal Niel estima qu'il fallait augmenter nos forces militaires en créant la garde nationale mobile : tous les français, exonérés du service militaire par un bon numéro ou par rachat, devaient en faire partie jusqu'à 30 ans. L'institution une fois votée reçut un commencement d'exécution presque insignifiant : l'opinion publique et le Corps Législatif étaient réfractaires à toute charge militaire nouvelle ; on se méfiait alors des tentations belliqueuses que pouvait inspirer l'accroissement de l'armée. Dans l'Est, à Paris et dans quelques centres, des chefs de bataillon, des capitaines, des sergents-majors furent nommés, sans méthode et au hasard des bonnes volontés ; puis des lieutenants et des sous-lieutenants furent adjoints à cette organisation rudimentaire; quelques revues d'appel eurent lieu, mais non d'une façon générale.

Un uniforme très seyant avait été adopté; aux réceptions des Tuileries, des officiers de la mobile avaient fait briller la nouvelle tenue; c'étaient pour la plupart d'anciens membres de l'armée active, encore vigoureux, et quelques jeunes gens de bonne famille. A Paris et dans plusieurs centres, des magasins bien pourvus avaient été établis; partout ailleurs, rien n'était préparé. En 1870, la garde mobile était encore à l'état d'ébauche, et la guerre imminente, sans qu'aucune convocation lui eût été adressée.

Soldat de la classe de 1868, j'étais en 1870 sous le coup de la loi, mais j'ignorais jusqu'au numéro de mon bataillon.

Nous savions bien la partie décisive que la Prusse avait gagnée en 1866, mais l'opinion publique ne concevait aucune inquiétude; nous pensions que la Prusse se contenterait de ses succès, et qu'elle n'aurait pas la folle idée de compromettre la victoire de Sadowa en se risquant dans une guerre contre la France. Sauf quelques esprits avisés, nous croyions toujours notre armée invincible, nos chefs de premier ordre et nos places fortes imprenables. C'est ainsi que tous, ou presque tous, nous nous désintéressions de tout ce qui se passait au delà du Rhin; c'était un procédé commode pour esquiver des études sérieuses, un peu rébarbatives, sur l'Allemagne; nous pouvions ainsi nous livrer tout entiers aux péripéties de la politique intérieure.

Le ministère Ollivier commençait avec l'année 1870

Nos préoccupations.

son existence agitée et bientôt tragique; nous suivions avec un intérêt passionné la double lutte du ministre contre les vieux bonapartistes de 1851 qui tenaient pour la manière forte, et contre le groupe peu nombreux, mais vaillant des représentants du parti républicain. Le meurtre de Victor Noir par le prince Pierre Bonaparte, le désordre qu'occasionna l'enterrement de la victime, le crime de Troppmann, le concile sur l'infaillibilité du Pape, voilà en moins d'un semestre bien de quoi absorber l'attention publique.

Plébiscite. Enfin la décision de l'empereur de modifier la constitution de 1852 par un plébiscite, achevait d'agiter tous les Français et de les détourner de toute question extérieure. Dans nos familles, dans nos relations, c'était une fièvre intense; les uns évoquaient la révolution de 1848, les ateliers nationaux, les journées de juin et la panique des intérêts, le 3 o/o à 32 fr. 50, les faillites nombreuses; pour eux, l'Empire avait donné la paix et l'ordre; il fallait s'en tenir au gouvernement impérial, auteur de ces bienfaits. D'autres fulminaient contre l'attentat de décembre, l'abus du pouvoir personnel, les expéditions lointaines et coûteuses; enfin la jeunesse vibrait aux accents de la mâle éloquence de Gambetta et de Jules Favre.

Le plébiscite donna : 7.350.000 oui,
— — 1.538.000 non (1).

Le Droit demeurait dans l'âme des penseurs ce qu'il

---

(1) En 1851 le nombre de voix avait été 7.116.420.
En 1852 — — — 7.482.863.

est par essence, permanent et intangible; mais la majorité populaire, après 18 ans de règne, se retrouvait tout entière. On comprendra l'orgueil des Tuileries et la satisfaction de la grande masse du pays. C'était la paix intérieure! Quant à la paix extérieure, qui donc en aurait douté?

Candidature Hohenzollern.

C'est dire dans quels sentiments de sécurité, le temps s'écoula de mai 1870 à la première révélation de la candidature Hohenzollern.

Il faut bien l'avouer : sans vérifier si nous étions prêts à la guerre, la presque unanimité des Français prit fort mal cette candidature; c'était un acte d'hostilité contre la France, et si la combinaison venait à aboutir, un péril national; l'invasion devenait possible à l'est et au sud. L'agitation était générale. A Paris, des bandes parcouraient les rues en criant : A Berlin! Les efforts de M. Thiers pour démêler l'imbroglio où se débattait notre diplomatie, furent accueillies avec fureur ou dérision. Nous avions perdu tout sang-froid!

Déclaration de la guerre

Le 15 juillet la guerre était déclarée et la garde mobile convoquée.

Mes camarades et moi nous sortions enfin de l'état d'énervement où nous étions depuis l'apparition de la candidature Hohenzollen; nous ressentions un profond enthousiasme à la pensée d'aller, nous aussi, à la frontière défendre notre patrie. J'arrivai à connaître le numéro de mon bataillon; c'était le 13ᵉ de Paris, composé de jeunes gens de Grenelle, Vaugirard et Passy. Nous avions quelques volontaires, dont un professeur à la Faculté de droit de Paris.

Je fus à la caserne Latour-Maubourg et me présentai à mon capitaine; séance tenante, je fus nommé caporal, habillé et décoré des galons de laine. Caporal, alors que je n'avais que de vagues notions du maniement du fusil, attrapées la semaine précédente dans une salle d'armes! Je ne savais rien, et d'ailleurs j'étais au niveau de mes camarades. Je sortais du quartier en tenue, enchanté de ce trop rapide avancement, quand je fus rappelé par le capitaine. Je remontai l'escalier, et après quelques minutes, je redescendis portant sur mes manches la sardine dorée; j'étais sergent! Il suffisait alors d'être vigoureux et plein de bonne volonté.

Comme nous nous réunissions chaque matin à la caserne, j'en profitai pour faire connaissance avec les hommes de ma compagnie. Pas plus pour moi que pour les autres sergents, notre rapide avancement ne souleva la moindre protestation, bien qu'il nous fît sortir du rang avant même d'y être entrés. Chaque jour, le nombre des hommes habillés s'accroissait; les rues, les cafés, les cabarets regorgeaient de mobiles, les compagnies s'alignaient. Entre les gradés et les soldats règnait une véritable atmosphère de cordialité; on aspirait ardemment au départ prochain : l'oisiveté pesait à ces hommes pour qui l'attente du départ était plus pénible que n'allait l'être le départ lui-même. Chaque matin, on venait aux nouvelles; on apprenait le départ des bataillons qui nous précédaient dans l'ordre numérique; renseignements pris, ils étaient toujours à Paris. Fausses nouvelles!

Enfin un matin, le 5 août, le commandant annonça que le bataillon allait partir à Douai; « le logement » devait prendre le train le soir même à 9 heures; le bataillon suivrait le lendemain. J'étais du «logement»; chaque compagnie envoyait deux sergents; un lieutenant commandait le détachement.

Bien que nous fussions très résolus, notre départ fut un moment dur à passer. Où allions-nous? C'était l'inconnu; nous quittions nos parents exposés à être cernés dans Paris, voués eux aussi à tous les risques de la guerre. Bien des larmes coulèrent, mais dans le cœur d'aucun de nos parents, il n'y eut une minute d'hésitation. Ce fut ainsi chez tous, très simplement et de tout cœur.

Le détachement se forma à la gare du Nord; nous nous installâmes dans nos wagons, le train démarra au milieu de nos hourrahs et de ceux des parents et des amis qui nous avaient accompagnés. Nous n'avions pas d'armes, ce qui contribuait à accentuer le sans-gêne. La soirée était magnifique; pas mal de nos camarades s'étaient amplement rafraîchis; quel entrain et quelle bonne humeur!

Le lendemain matin, nous descendons à Douai; à la lueur de l'aube, nous gagnons la caserne. Le casernier, troublé dans son sommeil, nous reçoit sans empressement; nous arpentons des salles immenses, encombrées d'ordures, tachetées de millions de punaises. Que faire? Le casernier a disparu; nos estomacs hurlent la faim; heureusement la ville s'éveille, nous trouvons de quoi manger; puis nous reprenons dans la caserne, notre promenade mélancolique. Que de saletés à faire disparaître depuis les gamelles abandonnées jusqu'à des immondices innommables. Où trouver des balais, des paillasses? Le casernier ne veut rien savoir; nos uniformes gris bleu ne lui disent rien de bon. Quelle douche sur notre enthousiasme! nous étions là aux prises pour la première fois avec les nécessités de la vie de troupiers, et tout déconcertés par ce contact avec la réalité. Débuter par nettoyer un charnier et exterminer des myriades d'insectes, quand on a rêvé de nobles exploits!

Tout à coup l'ordre est donné de regagner la gare, nous retournons à Paris! Et le lendemain matin, nous tombons dans les bras de nos parents charmés, mais stupéfaits. C'était un faux départ. Vite, vite, nous retournons à Latour-Maubourg, d'où le bataillon va être parti pour sa véritable destination. Non! il est toujours là, sans ordres. Nous rentrons chez nous un peu désabusés et nous recommençons à flâner.

Le camp de Châlons.   Enfin quelques bataillons partent à Châlons; le 9 août c'est notre tour. Le 13° se forme tant bien que mal; l'unique clairon sonne la marche, et de la caserne nous gagnons la gare des marchandises du chemin de fer de l'Est. Parents et amis se mêlent à nos rangs et les disloquent; c'est une énorme bande désordonnée et bruyante où moblots et civils sont confondus. A l'entrée de la gare, le poste de ligne ne laisse passer que les moblots; adieux bruyants après une dernière séance au cabaret. Nous voilà sur le quai en face des wagons, mais nous ne partirons que dans 2 heures; cela est heureux pour les attardés, qui ne cessent de nous rejoindre, la plupart fort allumés. Enfin le train s'ébranle, et il y a encore des mobiles dans la rue.

Le voyage n'est pas rapide; de temps à autre, le train s'arrête en pleine campagne; si l'arrêt se prolonge, des moblots descendent, se couchent sur le talus, se livrent à des passe-temps qu'il vaut mieux ne pas décrire. Puis, après maints coups de sifflet et les appels du clairon, le train repart; des toqués montent sur l'impériale des wagons où ils se livrent à mille acrobaties; ils en descendront au prochain arrêt, noirs et sales. Le bruit se répand même que quelques-uns ont été tués au passage des ponts. Les paysans que nous voyons rentrent paisiblement leurs moissons; ils s'interrompent pour nous saluer, et à quelques gares nous trouvons des rafraîchissements préparés; ils sont naturellement absorbés par ceux qui ont déjà trop bu. Quelles difficultés pour faire remonter les moblots en wagon! Il y en a toujours qui restent sur le talus ou sur la voie; ils nous rejoindront à la grâce de Dieu et au prix de quels efforts!

A Epernay, le bataillon s'éparpille dans la ville; l'arrêt annoncé est d'une heure, mais lorsque le train part, des centaines d'hommes manquent au rendez-vous.

Vers 11 heures du soir, nous arrivons à Mourmelon, affamés et moulus; nous traversons le camp silencieux, et au bout de 5 kilomètres, nous atteignons les tentes du bataillon. Vite, à la corvée de paille, vite sur la litière où nous tombons accablés de sommeil. Tout à coup éclatent des appels : A l'aide! Ce sont de pauvres camarades ensevelis sous les tentes : ils ont voulu tirer les cordes, et l'humidité de la nuit fait tendre les toiles et sauter les piquets; c'est toute une affaire de relever le campement et de dépêtrer les victimes. Enfin on va pouvoir dormir! Mais non, il est 4 heures, le canon retentit, et la diane est sonnée par tous les tambours et les clairons du camp. Comment reprendre le sommeil interrompu? le bruit est intense; d'ailleurs il faut aller aux distributions.

Ceux qui ne sont pas de corvée et qui disposent de quelque argent, vont à Mourmelon; c'est tout près : on y déjeune, on fait quelques achats et on va se distraire dans les cafés chantants. Il y a foule partout; des mobiles artistes chantent sur la scène des beuglants, et les spectateurs reprennent en chœur les refrains connus. Tous les uniformes sont confondus. Au dehors, on croise quelques blessés échappés aux récents désastres, artilleurs, turcos, cavaliers, le bras en écharpe, sans sac, ni armes, sales, déguenillés, affamés, ne sachant où rejoindre leur régiment, si toutefois ils s'en soucient.

L'ennemi a envahi l'Alsace et gagne la Lorraine; il est bien près de nous, et nul ne paraît y songer dans cette atmosphère viciée de Mourmelon. De-ci, de-là, quelques femmes, les unes en quête de leurs maris, les autres cherchant fortune; toutes s'évertuant à découvrir un gîte. Quelle foire malsaine et brutale! Rentrons au camp; les clairons sonnent la mélancolique « extinction des feux »; nous allons enfin dormir; la dernière nuit a été si écourtée! Nous étendons nos couvertures, et ma foi, nous trouvons notre paille excellente. Au matin, nous sommes trempés, car le sol est fort humide.

Nous faisons l'exercice; c'est au-dessous du médiocre! La théorie, le plus grand nombre l'ignore; les anciens officiers et les vieux soldats l'ont oubliée; nous n'avons pas de fusils, nous manœuvrons : « en avant », — « en arrière », — « par le flanc », — « en ligne », de gros bâtons sur l'épaule. Enfin arrivent les fusils, mais nous n'avons pas de cartouches. Le fusil à tabatière est lourd, c'est une arme transformée; il y a d'admirables champs de tir, mais nous ne tirons pas un coup de fusil.

Nous sommes visiblement une troupe suspecte : des bataillons auraient, paraît-il, insulté des généraux; de là une réputation d'indocilité que la presse répand et exagère; d'ailleurs on ne sait que faire de nous, et le bruit court que nous allons être incorporés dans l'armée active.

Les Allemands s'avancent : encore quelques marches et ils seront au camp; les ordres d'évacuation sont donnés, la mobile regagnera Paris. On enlève vivement ou on brûle les tentes, on couche à la belle étoile, car nous devons partir le lendemain, et l'on ne part pas. Nous sommes là dans la plaine, sans abri, sans nos sacs, qui sont rendus au campement; le moral du bataillon se déprime : plus d'exercices, de ballades à Mourmelon qui devient lugubre. Que de bonnes volontés gaspillées en pure perte! Puisque nous ne faisons rien d'utile, retournons à Paris; là du moins nous serons la joie de nos familles; 4 jours se passent dans un désœuvrement absolu.

Enfin le 17 août, à 5 heures du matin, ordre de gagner Reims en une étape; la route est aride poudreuse; tant de régiments l'ont piétinée! Quelques arbres rabougris sortent de ce sol crayeux; parfois s'avancent des voitures chargées de tonneaux d'eau, que les paysans nous vendent

Le retour à Paris.

à prix d'or. La marche est rude, nous n'avons pas été entraînés à la fatigue, et nos ustensiles pêle-mêle dans la couverture en bandoulière, nos fusils à tabatière pèsent lourdement; nous étouffons. Il n'y a de léger à porter que notre maigre bourse : l'inexactitude de la poste ces derniers jours a empêché tout ravitaillement en espèces. Enfin nous atteignons Reims; on s'éparpille dans la ville; rendez-vous à la gare à 7 heures du soir. Chacun s'arrange comme il peut; heureux qui a pu sauver quelques francs des délices de Mourmelon! J'avise dans un faubourg une vieille femme qui, paisiblement, arrosait ses giroflées; elle consent à m'héberger pour 30 ou 40 sous. Je me lave à grande eau sous la pompe, je brosse ma vareuse, mes godillots, je me restaure; après quelques heures de sommeil, je recouvre l'aspect d'un soldat bien en forme; à 7 heures du soir, je regagne la gare.

Nos 1.300 mobiles sont là et se casent dans le train; il va bien lentement ce train; qu'importe? il nous mène à Paris. Nous en croisons d'autres nombreux, allant vers l'est, leurs wagons sont bondés de soldats; beaucoup dorment les mains croisées sur le fusil placé entre leurs jambes, et les physionomies sont empreintes d'une fatigue inexprimable. A 6 heures du matin, nous sommes à Paris.

Le camp de Saint-Maur.

Sur le champ de courses de Vincennes, les tentes sont dressées; déjà d'autres bataillons en occupent une partie; nous nous installons, et l'après-midi nous courons à Paris. Je ne suis pas de garde et je puis aller embrasser les miens; beaucoup font comme moi; et il ne reste pas grand monde au camp. Après un bout de toilette et le porte-monnaie regarni, je me jette sur les journaux. Que de désastres ! Dans la ville, des bataillons de gardes nationaux à peine habillés défilent ; des bestiaux entrent par toutes les portes des fortications ; des habitants de la banlieue arrivent avec famille et mobilier se réfugier dans Paris ; d'ailleurs l'esprit général est bien acquis à la résistance : les souvenirs de la grande Révolution planent sur nous.

Au camp nous recevons enfin des fusils chassepot ; mais il y manque des rondelles de caoutchouc, ce qui empêche tout exercice de tir. L'invasion du Corps législatif, la chute de l'Empire et la proclamation du gouvernement de la Défense nationale se déroulent en quelques heures, et nous sont racontés par des camarades qui flânaient à Paris. Notre instruction militaire continue : quelques reconnaissances sont organisées pour initier les gradés et les hommes au service en campagne ; heureusement les Prussiens sont encore dans la Brie.

Nous gagnons Saint-Denis par les chemins extérieurs et nous sommes logés dans une usine. Le bruit court que les ennemis sont à Montmorency, aussi une panique éclate-t-elle dans la petite ville ; nos soldats courent aux armes, mais l'officier de détail n'a pas encore reçu les fameuses rondelles de caoutchouc ; facilement l'émotion se calme peu à peu et les rondelles arrivent. Nous travaillons tous les jours aux remparts de la Double-Couronne ; allègrement nous manions la pelle, la pioche et la brouette ; le moral redevient meilleur, on commence à sentir une

Saint-Denis.

direction, on est heureux de se livrer à un travail précis et utile.

Le premier coup de feu.

Nous sommes commandés de grand'garde le 18 septembre, et nous allons nous installer à 3 kilomètres de Saint-Denis, au château de Villetaneuse; c'est là qu'est le soutien. A droite, au sommet et à gauche de la butte Pinson, les avant-postes sont établis avec soin au milieu des vignes et des bocqueteaux; au château, bivouaquent deux compagnies et l'état-major. La construction est solide, les fossés pleins de vase entourent trois faces; une grosse porte défend l'entrée qui donne sur une route menant à la butte Pinson. La journée et la nuit sont paisibles; des mobiles découvrent des bouteilles de vin enterrées dans un parterre et leur font accueil, mais avec modération, car on sent les événements tout proches.

Nous recevons de Saint-Denis des journaux et nous bavardons sur un article du *Temps* qui démontre l'impossibilité d'investir complètement Paris; c'est évident, c'est tout à fait notre avis. Comment, en effet, supposer un tel cordon de sentinelles qu'un piéton ne puisse se faufiler à un endroit bien choisi? Ce que, depuis le 18 septembre, nous avons changé d'avis! Nous dormons sur le gazon, à l'abri de beaux arbres; pas un coup de fusil ne vient troubler le silence profond de la nuit.

Vers 5 heures du matin, le commandant ordonne une reconnaissance jusqu'à Deuil; un vieux sous-officier, vétéran d'Afrique, commande les volontaires. Est-ce une reconnaissance ou une simple ballade? Nous sommes une vingtaine, sans officier, et nous allons au petit bonheur, sans nous éclairer, à peine en ordre; le vétéran d'Afrique manque de prudence. A Deuil, nous n'avons même pas l'idée de fouiller le village; simplement nous forçons la porte d'une maisonnette, et, avec les ressources du placard, nous nous amusons à faire des pommes de terre frites; le bourg paraît abandonné, nous ne rencontrons qu'une vieille femme qui affirme avoir vu la veille deux uhlans. Le renseignement nous impressionne : sommes-nous si près de l'ennemi? Que ferions-nous s'il surgissait? Nous ne devons aller que jusqu'à Deuil; nous n'avons pas l'envie de pousser plus loin.

Nous revenons à Villetaneuse non plus à la débandade, mais pelotonnés les uns contre les autres, ce qui était aussi maladroit. Quel facile coup de filet pour l'ennemi que ces vingt écervelés conduits par un âne! Le commandant nous attend; nous lui contons les propos de la la vieille femme, l'abandon du village, la solitude de la campagne. « Il n'y aura rien », dit le chef; le jour se lève, l'état-major rassuré gagne Saint-Denis, et nous, fatigués de la promenade matinale, mettons sac à terre et allumons une bonne pipe. Tout à coup la fusillade éclate en avant, à droite, à gauche, précisément là où nous étions il y a quelques quarts d'heure. Les avant-postes dégringolent de la butte Pinson, où pas mal d'hommes perdent leurs sacs accrochés par les échalas des vignes; les Prussiens s'avancent en arc de cercle; aux extrémités quelques cavaliers. Les balles sifflent, nous répondons un peu au hasard; nous sommes en contre-bas; d'ailleurs, notre vue est bornée par les arbres et quelques maisonnettes. Nous étions encore une vingtaine au château, d'où nous ne pouvions sortir par la grande porte, car la route était prise d'enfilade par le feu ennemi; nous sautons dans la vase du fossé par derrière et, traversant rapidement la plaine, nous gagnons sur la route de Pierrefitte à Saint-Denis, le pont qui surplombe la voie ferrée. Là, protégés par les parapets, nous tiraillons avec ardeur; ce sont les premières cartouches que nous brûlons!

A côté de nous et dans la plaine, de vieux soldats, zouaves, voltigeurs, grenadiers, font posément le coup de feu; ils appartiennent aux bataillons de marche formés avec les dépôts de la garde et de la ligne. Ces hommes sont admirables, déchargent leurs chassepots après avoir tranquillement visé; un tambour de grenadiers bat la charge sans souci du danger. Plusieurs sont blessés; impossible de les porter à Saint-Denis; nous les accotons de notre mieux aux parapets et nous continuons à tirer; l'odeur de la poudre nous grise, nous faisons bonne contenance; mais la vue des blessés dont quelques-uns souffrent cruellement, impressionne jusqu'à l'âme. Enfin le feu de l'ennemi se ralentit, et, par les fossés en contrebas de la route, à la file nous gagnons la Double-Couronne.

A Saint-Denis, nous étions à l'abri des balles allemandes; la place était parmi les forts détachés entourant Paris, l'ouvrage le plus important; c'était une suite ininterrompue de remparts élevés, dont les fossés étaient inondés; au centre la Double-Couronne avec ses deux ou trois étages; aux extrémités le fort de l'Est, défendu par l'inondation du Crould, et celui de la Briche, bordé par la Seine. Quelques canons seulement couronnaient ces bastions; l'armement ne fut complété qu'en novembre ; des obus furent envoyés sur l'ennemi sans faire grand mal, car ses tirailleurs étaient dispersés dans la plaine. Les Allemands, qui étaient bien renseignés, savaient que l'enceinte fortifiée et les forts étaient à l'abri d'une attaque de vive force ; ils n'avaient d'ailleurs aucune artillerie ; c'était pour plus tard.

Après avoir transporté les blessés, nous rentrâmes dans notre gîte avec l'espoir de nous reposer ; nous avions besoin d'apaiser notre faim et de nous refaire, car depuis 30 heures nous avions eu notre service de grand'garde et notre premier combat sans un instant de répit ; c'était un dur début ! Ce ne fut pas le repos que nous trouvâmes à notre cantonnement, mais une attristante complication : il fallait dans la journée procéder à l'élection de nos officiers. Un ordre du gouvernement de la Défense nationale désorganisait notre commandement, alors que nous étions devant l'ennemi, sous le prétexte de je ne sais quelle assimilation avec la garde nationale ; les officiers, depuis le sous-lieutenant jusqu'au chef de bataillon, devaient être nommés au scrutin ; on n'avait pas jugé prudent d'aller jusqu'aux colonels et aux généraux.

L'élection des officiers.

Nos officiers, nous venions de les voir quelques heures auparavant très braves devant l'ennemi ; ils connaissaient l'administration militaire, ils avaient l'habitude du commandement ; nous leur étions très attachés. Presque tous avaient gagné leurs épaulettes dans l'armée active ; plusieurs avaient fait les campagnes d'Italie, du Mexique ou d'Algérie ; il nous paraissait inique de toucher à des droits acquis, et de soumettre leurs capacités reconnues aux hasards de l'urne, aux fantaisies de leurs subordonnés. Leur protestation fut immédiate et unanime ; ils quittèrent sur le champ le bataillon, sans que nous eussions le temps de les saluer.

Il fallut voter, et voter tout de suite, car le bataillon ne pouvait demeurer dans l'état de désorganisation qui résultait de la décision prise par le gouvernement. Il n'y eut ni brigue électorale, ni discussion : les officiers promus lors de la formation de la garde mobile, qui ne pouvaient se réclamer de grades obtenus dans l'armée active, se résignèrent au scrutin. Tous furent élus, et quelques-uns élevés au grade supérieur. Les emplois et grades vacants furent attribués à des sergents qui avaient autrefois servi et à d'autres sans passé militaire, mais qui étaient appréciés par les chefs et par la troupe. Notre nouveau corps d'officiers n'avait dans son ensemble ni la valeur morale, ni l'autorité militaire de l'ancien ; mais nous étions devant l'ennemi, et nous nous tirâmes avec bon sens de l'embarras et du désordre où nous jetait cette déplorable mesure.

Le fort de l'Est. Nous n'en avions pas fini avec les émotions ; le lendemain de notre premier combat, nous quittions l'usine, où nous étions depuis notre arrivée à Saint-Denis, et nous nous installions au fort de l'Est. En entrant dans cette citadelle d'aspect rébarbatif, nous eûmes un frisson : nous nous sentîmes bouclés. La hauteur des remparts, les fossés pleins d'eau, la fermeture absolue par le pont-levis relevé, la vigilance de la garde de police, tout supprimait la possibilité d'une escapade de jour ou de nuit.

Le commandant supérieur, colonel Sentupéry, avait une réputation de sévérité qui ajoutait encore aux horreurs de l'internement. Cet officier avait gagné ses grades dans les zouaves et s'était distingué dans les campagnes d'Afrique : sa parole nette, son allure décidée, sa physionomie martiale, sa voix retentissante, tout révélait le chef; il sut obtenir l'obéissance et la confiance des soldats. Le 16e bataillon, qui nous avait précédé au fort, avait eu quelques velléités de mutinerie : le colonel sans hésiter ordonna de charger les canons à mitraille; heureusement l'aumônier de la garnison, l'excellent abbé Bonhomme, avait calmé les mobiles, et le conflit s'était apaisé (1).

Notre bataillon en quelques jours devint remarquable par sa discipline et sa ponctualité dans le service. Le fort de l'Est, où nous allions rester jusqu'au 23 janvier, était un quadrilatère de 500 mètres de côté, solide et bien défendu. Sous les remparts, des casemates maçonnées contenaient les ambulances, le dépôt de munitions et les locaux disciplinaires. Les états-majors et la troupe logeaient dans trois grands bâtiments dont les rez-de-chaussée étaient blindés par des fascines. Le tout était insuffisant pour la garnison; quelques compagnies de mobiles étaient sous la tente. Le froid s'accentuant chaque jour, le génie fit construire au milieu de la cour des abris,

---

(1) L'abbé Bonhomme était vicaire d'une des paroisses de Grenelle et connaissait beaucoup de nos mobiles, qui étaient ses paroissiens; nos rapports avec lui furent excellents; il rendit bien des services aux lignards et aux mobiles du 13e bataillon. M. l'abbé Bonhomme a écrit « Les souvenirs du fort de l'Est près Saint-Denis » (Paris, Lecoffre fils et Cie). C'est un récit attachant, sincère et exact. L'abbé Bonhomme est mort il y a quelques années; le colonel Sentupéry lui a adressé un adieu touchant lors des obsèques.

dont la face exposée au feu de l'ennemi était protégée par des tronçons d'arbres recouverts de 2 mètres de terre. Nous croyions à l'efficacité de cette protection : les premiers obus du bombardement éventrèrent ces casemates improvisées, et vinrent éclater au milieu des hommes qui vaquaient aux soins de la cuisine.

De grosses pièces de marine étaient établies sur des plates-formes et tiraient à barbette ; il n'y avait aucune protection contre les obus qui éclataient sur les remparts ou dans la cour; une simple excavation protégeait les munitions. Le service de l'artillerie était fourni par des marins, des artilleurs de l'artillerie de marine et de la mobile.

Notre service. Les grand'gardes.

Notre service consistait dans le poste de police, la garde sur la contrescarpe, le long des fossés et du rû de Monfort, petit ruisseau qui allait se jeter dans la « vieille mer ». Ce n'était pas pénible, mais très monotone. Extérieurement nous fournissions les grand'gardes au château de Villetaneuse, au Temps Perdu, sur la route de Saint-Denis à Villetaneuse et au moulin de Stains. La grand' garde de Villetaneuse fut bientôt supprimée : tantôt notre bataillon l'occupait, tantôt les Prussiens; je crois que l'endroit fut définitivement abandonné en novembre, et devint, pour les pillards des deux armées, l'occasion de nombreuses rapines.

La grand'garde du Temps Perdu était installée dans un groupe de maisonnettes, à peu près à l'endroit où a été érigé depuis la guerre un monument commémoratif du combat d'Epinay, sur la route de la Briche à Epinay; en novembre, ce service fut confié à d'autres troupes.

Ce fut surtout au moulin de Stains que nous fûmes pendant cet hiver rigoureux en service de grand'garde ; c'était à quelques centaines de mètres du fort et de la porte d'entrée de Saint-Denis. Des fossés avaient été creusés où nous passions la journée et la nuit ; la terre du déblai faisait parapet ; nous étions protégés à peu près jusqu'à mi-corps. Le soutien était à 500 mètres en arrière dans quelques maisons ; on y faisait du feu et du café ; c'est là qu'on pouvait réconforter les hommes de grand'garde saisis par le froid.

Nous prenions le service vers 5 heures du matin ; c'était dans l'obscurité et le plus souvent dans un brouillard épais. La grand'garde descendante ne partait que vers 7 heures et demie ; l'effectif présent était donc doublé pendant les premières heures du jour, c'est-à-dire au moment où l'on pouvait particulièrement craindre une attaque. La pluie, la neige avaient raviné le fossé dans lequel se tenaient, derrière le parapet, officiers et soldats ; les ornières empêchaient de poser le pied à plat, la marche était pénible et les entorses fréquentes. Les soldats groupés deux par deux, celui en faction debout, l'autre assis aux pieds de son camarade, se relayaient à leur gré.

L'ennemi, surtout devant le moulin de Stains, était à courte distance de nos avant postes, trois à quatre cents mètres environ. Au début du siège, de nombreux coups de fusil avaient été échangés ; nous avions brûlé des milliers de cartouches sans faire grand mal à l'ennemi, et nous avions eu en retour quelques blessés. Cette fusillade énervait les hommes et coûtait très cher en munitions ; peu à à peu elle se ralentit, et bientôt on ne tira plus ni de jour, ni de nuit.

Par contre le matin, au petit jour, du côté français comme du côté allemand, on échangeait quelques gestes ; nous finîmes même par nous reconnaître, car nos tours de service coïncidaient.

En novembre, les Allemands ouvrirent le feu d'artillerie du côté de Dugny, petit village en arrière du Bourget ; d'autres batteries de grosses pièces avaient été établies, autour de Saint-Denis et tiraient sur la Courneuve, la Double Couronne, la Briche et la redoute de Gennevilliers. La détonation se faisait entendre alors que l'obus traversait déjà l'horizon et déchirait l'air de son sifflement ; l'explosion du projectile indiquait le point de chute. Les canons du fort de l'Est répondaient seulement par intervalles au feu de l'ennemi, car la mise en batterie demandait un temps énorme.

Quelques obus trop courts vinrent éclater aux environs de nos tranchées ; nous eûmes surtout à souffrir des projectiles qui tombaient dans les groupes de maisons derrière lesquelles le soutien était placé. Nous nous habituâmes vite au feu d'artillerie qui faisait du mal bien loin derrière nous ; nous n'eûmes véritablement à souffrir que lors du bonbardement du fort de l'Est (23 janvier 1871).

Le froid.   Notre plus terrible ennemi fut le froid ; nous étions en réalité de faction, debout ou accroupis, de 5 heures du matin au lendemain 7 heures du matin, soit 26 heures de suite. Nous mangions, dans nos tranchées, de la viande et du café fatalement refroidis. Dans la nuit, les hommes et les officiers allaient les uns après les autres prendre au soutien un air de feu, près des foyers en plein air, entretenus et masqués derrière les murs ; nous réchauffions la viande et le café et nous retournions aux tranchées, d'où nos camarades partaient à tour de rôle.

La pluie était plus redoutée que la neige ; elle nous glaçait peu à peu jusqu'à la moelle des os et nous empêchait de marcher parce que nos vêtements, imprégnés d'eau nous alourdissaient. En temps de gelée, le vent âpre nous coupait le corps en deux ; vers 2 heures du matin, le thermomètre descendait de plusieurs degrés ; le brouillard nous enveloppait souvent d'un nuage opaque qui ne nous permettait pas de voir à 10 mètres. La nuit paraissait interminable, et l'on attendait avec angoisse les quarts de l'horloge de Saint-Denis, dont le son venait jusqu'à nous.

Enfin il fallait lutter contre le sommeil et défendre les soldats de l'engourdissement qui, peu à peu, les gagnait. Je me rappelle une nuit de janvier où la température fut tout à fait basse ; on envoyait les soldats au soutien pour se refaire dès qu'ils fléchissaient et commençaient à s'endormir ; les uns revenaient un peu remis, les autres restaient au chaud malgré les ordres donnés de regagner les tranchées. Officiers, gradés, aidés de ces braves gens que l'on trouve toujours dans les heures difficiles, allaient secouer les dormeurs, mais peu à peu nous nous sentions exténués : les jambes ne nous soutenaient plus ; on ne sentait plus le froid, une torpeur générale nous anéantissait, les yeux s'appesantissaient, le cerveau était vide d'idées ; nous perdions tous le sentiment de la réalité, et pelotonnés les uns contre les autres, nous nous abandonnions. Il n'en restait plus un pour réveiller les autres, et dans quelques instants nous allions périr avec nos compagnons de tranchée dans cet effondrement silencieux.

Tout à coup, dans le brouillard éclatent des coups de fusils. D'où venaient-ils ? On ne l'a jamais su, mais en un instant les hommes sont debout, les officiers commandent: Feu! La flamme des fusils éclaire la nuit d'une multitude de lueurs; des milliers de cartouches sont brûlées; les balles allemandes, celles des gros fusils de rempart sifflent à nos oreilles; le soutien accourt, tous les mobiles garnissent les tranchées. Nous sommes en force et nous n'avons plus froid; nos fusils sont brûlants, le sommeil est bien loin. Jamais nous n'avons mieux senti le sang circuler dans nos veines : nous sommes sauvés du plus grand danger que nous ayons couru.

Le vêtement. Nous prenions cependant bien des précautions contre le froid : les pieds et les jambes étaient entourés de bandelettes de toile enduite de suif; les vieux soldats nous avaient montré l'art d'enrouler les bandelettes et d'éviter les plis qui coupent la peau. Les « chaussettes russes » une fois mises, il fallait les garder, car c'était toute une affaire de les remettre là où elles avaient été appliquées une première fois, et d'exposer la peau à des plis trop serrés. Beaucoup avaient de grandes bottes et des guêtres de laine, où logeait le bas du pantalon. Le gilet et la chemise de flanelle étaient enfermés dans la vareuse que recouvrait la capote, sur laquelle une peau de mouton était appliquée et maintenue par des courroies. Un passe-montagne de laine couvrait la tête, la nuque, la face et le cou; seuls les yeux et le nez étaient à l'air. La barbe recueillait la buée de la respiration et était parsemée de glaçons ; des gants fourrés protégeaient les mains.

Nous rentrions au fort exténués, affamés, et nous répondions de mauvaise grâce aux honneurs que nous rendait le poste des gardes nationaux de Saint-Denis. Le fort était notre asile après les grand'gardes ; là on trouvait la soupe, le café chaud, la viande bien cuite.

Nous étions faits à la viande de cheval ; on nous en donnait des morceaux où les os et les nerfs étaient à peine compensés par des parties de bonne viande. A partir de janvier, le pain devint médiocre, mais il fut toujours moins mauvais que celui distribué de Paris. A diverses reprises, et surtout à la fin de janvier, nous eûmes recours au biscuit, dont le fort avait des réserves considérables. Le biscuit n'eut aucun succès ; cependant nous le faisions rôtir et gonfler après l'avoir trempé : comme disaient les moblots, « cela ne tenait pas à l'estomac », et du côté des intestins se produisaient des protestations violentes. Nous eûmes du vin, du café et de l'alcool de bonne qualité, et en quantité suffisante jusqu'à la fin.

L'alimentation.

Parfois nous eûmes l'audace d'avoir des invités à notre modeste mess : en octobre, le commandant Baroche, du XIVe bataillon, vint déjeuner, quelques jours avant la première affaire du Bourget, où, avec quelques hommes de son bataillon, il périt héroïquement. Le colonel Sentupéry, l'aumônier, l'abbé Bonhomme, quelques camarades des autres bataillons vinrent goûter notre menu, d'ailleurs bien semblable au leur. Impossible d'avoir un plat d'extra ;

nous remplaçâmes les truffes par du chocolat et de la semoule.

Les distractions.   Nous pouvions obtenir, entre deux grand'gardes, des permissions pour aller à Paris ; peu à peu nous y vînmes plus rarement : nous étions fatigués par le froid et les prises d'armes de nuit, que nous valait notre casernement au fort. Bien que de service aux avant-postes la nuit précédente, il fallait au premier appel se rendre aux armes dans la cour, où nous stationnions des heures, attendant des ordres qui ne venaient pas ; on finissait par rentrer chacun dans son taudis. Toujours est-il que la fatigue nous rendait sédentaires. Nous nous résignions à flâner dans les rues et les cafés de Saint-Denis, rencontrant quelques camarades des autres bataillons, dont la vie n'était guère différente de la nôtre.

Le soir quelques-uns jouaient au baccarat ; de là, pour ceux qui n'avaient que leur solde à risquer, bien des amertumes. Les officiers vivaient d'accord, vieux soldats et jeunes promus ; les anciens sous-officiers de l'armée restaient entre eux ; au mess ils étaient faciles à vivre ; dans le service, ils venaient souvent en aide aux officiers inexpérimentés ; un seul faisait vraiment tache ; il fut destitué en 1873 comme officier de réserve.

La discipline.   Les rapports des officiers avec les moblots étaient bons ; nous n'eûmes pas de cas d'indiscipline à constater ; les officiers de chaque compagnie obtenaient bien le service de leurs hommes ; d'ailleurs les gradés étaient très énergiques et très écoutés. Beaucoup étaient des contremaîtres ou des petits patrons ; mais on avait de la peine à commander les hommes des autres compagnies que l'on ne connaissait pas. Le malheureux officier qui dirigeait pour tout le bataillon les corvées de pain, de viande, de vin, alcool et charbon, avait beaucoup d'ennuis. La queue de la corvée ne serrait pas la tête ; la surveillance devenait difficile, et l'ensemble des vivres n'arrivait pas toujours complet. D'ailleurs nous n'avions pas de voiture pour le service des vivres ; il fallait tout porter, et le trajet était long des magasins au fort.

Nous eûmes de nombreux malades en octobre et novembre : les rhumes négligés, les tempéraments affaiblis contribuaient à remplir les hopitaux ; mais une fois les éléments débiles éliminés, le bataillon n'envoya aux ambulances que des blessés au feu ou au service des corvées et quelques rares fiévreux. *Service de santé.*

Les malades et les blessés, après examen du médecin major du bataillon, le docteur Homolle, alors interne des hôpitaux, étaient évacués sur les hôpitaux de Saint-Denis et de Paris, ou dans des maisons où les particuliers avaient mis des lits à la disposition de l'autorité militaire. Au fort, les médecins de marine et des médecins civils pourvus d'un grade, soignaient les blessés et les malades dont l'état ne nécessitait pas l'entrée à l'hôpital ; il en était de même dans les cas où l'état des malades rendait le transport impossible.

Le plus grand hôpital de Saint-Denis était la maison de la Légion d'honneur ; les malades et les blessés y étaient entassés, et il y régnait, comme dans l'ambulance du fort, une odeur pénible. Le bruit courait qu'entrer à la maison de la Légion d'honneur, c'était la mort certaine. Voici, de cette mauvaise réputation, une preuve indiscutable : le 2 décembre, nous eûmes parmi les blessés un caporal de la compagnie; une balle lui avait traversé le mollet, et il sentait que quelques pansements auraient raison de cette plaie, aucun organe essentiel n'ayant été atteint. Nous allâmes voir le brave homme à la Légion d'honneur, il en fut satisfait; c'était un soldat vigoureux et un père de famille. Quatre jours plus tard, nous apprenions qu'il avait succombé comme tant d'autres à la pourriture d'hôpital; que d'autres ont péri comme lui! L'antisepsie était encore inconnue en 1870; de l'ambulance sortaient chaque matin des monceaux de charpie souillée de pus et de sang. Que de progrès accomplis depuis cette lamentable année!

Les insoumis, les déserteurs, les profiteurs.

J'ai eu un jour, en novembre, une idée qui a paru bizarre à notre capitaine major. Je lui ai demandé combien d'hommes manquaient parmi ceux portés sur l'état du bataillon; il m'a envoyé promener. J'ignore si le travail d'ensemble des insoumis et des déserteurs a été établi; ce que savent bien mes contemporains, c'est que des Français n'ont pas répondu à l'appel de la nation, et qu'aucun d'eux n'a été inquiété. Chacun de nous en connaît, et nous avons vu certains d'entre eux prospérer, obtenir des situations enviées, sans que la réprobation publique, à défaut des tribunaux militaires, ait mis bon ordre à ce scandale.

Très probablement après la Commune et la libération du territoire, les pouvoirs publics ont reculé devant cette lessive. D'autres nécessités plus immédiates absorbaient leur temps et leur zèle.

L'investissement de Paris aurait dû rendre la désertion impossible ; cependant des soldats abandonnèrent leur corps, mais ils durent entrer dans un groupement quelconque, mobilisés, corps francs, ambulances, etc., sans quoi ils n'eussent pas eu le droit aux 30 sous journaliers et aux vivres. La capote, le képi étaient la tenue nécessaire de tout citoyen, autrement l'on eût été considéré comme espion.

L'admission dans les mobilisés, les corps francs et les diverses spécialités, était très facile : il suffisait de justifier de sa résidence à Paris, ou de l'impossibilité où l'on se serait trouvé de regagner en septembre le département d'où on était originaire. C'est ainsi que des malins lâchèrent les bataillons de mobiles et se firent incorporer dans d'autres troupes. L'avantage était évident : plus de grand gardes, plus de présence au corps ; le service dépassait rarement les fortifications ; il consistait en exercices et en gardes sur les remparts de Paris. Le soir, on rentrait chez soi et l'on couchait dans son lit. au lieu de grelotter dans des casemates ou sous la tente ; on était toujours soldat, mais dans des conditions moins dures, puis on touchait 30 sous par jour ; les femmes recevaient 0 fr. 75 ; chaque enfant avait droit à 0 fr. 50. Il était possible de se suffire avec ces allocation, grâce aux avantages de la vie en ménage.

Pour les mobiles, il y avait le prêt de 0 fr. 35 tous les 5 jours et les vivres en nature. Ainsi ceux qui avaient le plus de mal étaient les plus mal partagés.

Cette transfusion des combattants dans les corps de l'intérieur de Paris ne fut pas toujours une incorrection ; elle s'opérait aussi par des mutations régulières. Le gouvernement militaire, sur des instigations bienveillantes, déplaçait le simple mobile et en faisait un infirmier, un télégraphiste, etc. Le moyen était légal, mais l'objectif était toujours le même : ne plus faire partie des combattants et retrouver son confortable dans l'intérieur de la ville. Ainsi nos malins continuaient à porter la tenue militaire et à servir la patrie, mais ils avaient trouvé la bonne manière.

Il en résultait un sérieux mécontentement chez les troupiers qui continuaient à passer la nuit dans les casemates, au moulin de Stains ou sur les glacis du fort de l'Est ; ils comparaient leurs souffrances à la vie ouatée de leurs camarades d'hier. C'était là un spectacle peu encourageant pour ceux qui restaient au corps et demeuraient fidèles au poste qui leur avait été assigné.

Les combats en vue du Fort de l'Est.

Dans la nuit du 27-28 octobre 1870, le Bourget fut occupé par les francs-tireurs de la Presse, qui étaient établis dans le bourg de la Courneuve. Un bataillon du 134ᵉ de ligne et le 14ᵉ bataillon de mobiles vinrent assurer cette occupation. Le lendemain, 29 octobre, les Prussiens opérèrent un retour offensif, soutenus par une artillerie importante. La bataille fut livrée dans le village ; c'est là, qu'avec quelques braves, le commandant Baroche perdit la vie. Le Bourget fut évacué dans la matinée.

La retraite des Français fut soutenue par des forces envoyées un peu tardivement des forts environnants, et par les grosses pièces du fort de l'Est et du fort d'Aubervilliers. Le 13° bataillon était posté derrière les maisons de la Courneuve ; nous étions en réserve ; nous servîmes au transport des blessés et à la conduite des quelques prisonniers prussiens que les marins avaient enlevés. Ces soldats étaient vigoureux, bien vêtus et très déférents envers les officiers français qu'ils rencontraient.

Nous n'eûmes pas à donner, et cela se trouva bien : deux jours auparavant l'armurier du fort avait fait enlever nos sabres baïonnettes pour les aiguiser, et nos moblots en étaient réduits à leurs fusils. Cet armement incomplet causait une impression pénible.

La bataille du 21 décembre ne fut imprévue, ni pour nous, ni pour les Allemands, toujours bien informés. Dès la soirée du 20 décembre, Saint-Denis se remplissait de troupes venant de tous les côtés ; quel bruit ! notre bataillon devait être sous les armes à 4 heures du matin. Nous étions électrisés à la nouvelle de cette rencontre prochaine et sérieuse ; il n'y eut pas d'absents à l'appel du soir ; nos cuisiniers voulurent accompagner leurs camarades, dût notre repas subir des à-coups. Nous ne dormîmes guère, et tandis que le bataillon s'alignait, les artilleurs se groupaient autour de leurs pièces ; évidemment l'affaire allait être sérieuse. Nous employâmes plus de deux heures pour aller du fort au moulin de Stains, notre poste habituel de grand'garde ; car les rues de Saint-Denis étaient encombrées par le défilé interminable de l'artillerie et des régiments de ligne. Les faisceaux furent formés et nous attendîmes dans la nuit, au milieu du bruit des troupes et de l'artillerie en marche. Vers 6 heures, les officiers des 10e, 12e, 13e et 14e bataillons de mobiles furent réunis autour de notre lieutenant-colonel. C'était un ancien officier de l'armée active à la figure mâle ; nous ne l'avions jamais vu, et je crois bien que nous ne l'avons jamais revu. En termes chaleureux, le colonel nous exhorta à faire notre devoir et nous indiqua le point à atteindre, les formations à prendre : il fallait aller droit devant soi, enlever Stains et déployer les quatre premières compagnies en tirailleurs; les trois autres suivraient en rangs serrés. Une fusée devait donner le signal de l'attaque générale.

Nous revînmes vers nos hommes; leurs dispositions demeuraient excellentes; à eux comme aux officiers, le temps durait. L'aube était encore incertaine lorsque enfin une fusée jaillit, illuminant l'horizon de sa blanche clarté. Quelle canonnade! Du mont Valérien à Nogent, l'artillerie tonnait; le fort de l'Est faisait feu de toutes ses pièces sur Dugny et sur le Bourget. Nos quatre premières compagnies s'élancèrent, officiers en tête, vers un grand mur blanc qui était à environ 800 mètres; le soutien suivait en rangs serrés. Nous entendions crépiter la fusillade et les mitrailleuses des Prussiens, fortement retranchés derrière des murs, des abatis et des barricades; nos tirailleurs délogèrent l'ennemi de quelques maisons disséminées sur la route de Stains à Gonesse; un de nos lieutenants fut ramené en arrière, la mâchoire fracassée par une balle.

Nous avancions toujours, quelques hommes tombant en route, et nous finîmes par rejoindre nos tirailleurs qui avaient atteint le grand mur blanc, où nous n'aperçûmes aucune ouverture. Nous étions tous pelotonnés entre les meurtrières par lesquelles Français et Allemands se fusillaient. Il nous semblait qu'à gauche nos camarades des autres bataillons gagnaient du terrain ; nous, nous étions immobilisés ; nous entendions distinctement le bruit des balles spéciales aux fusils de rempart dont l'ennemi était pourvu ; nos pertes croissaient à chaque instant.

Un clairon sonna la retraite et nous regagnâmes notre point de départ ; le feu des ennemis nous accompagna, mais moins fourni qu'au début. Très probablement devant notre mouvement en arrière, les Allemands dégarnissaient les points où l'attaque était abandonnée et reportaient leurs forces aux endroits où l'action durait encore. Nous ramassons nos morts et nos blessés ; quelques-uns de ces derniers se soutenaient sur leurs fusils et parvenaient à se traîner. Nous étions blancs de colère ! Pourquoi nous avoir collés contre ce mur, tandis que les pièces du fort tiraient au loin ? Il aurait suffi de quelques projectiles pour entamer le mur et en renverser des pans entiers.

L'appel constata l'absense dans notre compagnie de 30 ou 40 hommes, en outre des tués et des blessés dont nous ignorions le nombre ; plusieurs manquaient qui avaient accompagné des blessés aux ambulances, d'autres étaient restés dans les maisons, prenant la place des Prussiens et continuant de tirer des fenêtres sur les barricades allemandes. Pendant l'appel, des faisceaux s'écroulèrent, et de quelques fusils partirent des balles qui augmentèrent le nombre des victimes de cette triste journée.

La bataille continuait du côté du Bourget et de Drancy ; peu à peu le feu de l'artillerie, d'abord très violent, s'apaisa et bientôt nous n'entendîmes plus que des coups de fusils isolés. Nous rentrâmes au fort très découragés ; les bataillons 10e 12e et 14e avaient été très éprouvés; le 10e avait perdu le commandant Jenny.

Cette bataille, qui fut la plus importante du siège, finit comme les autres, lamentablement; les Allemands avaient employé les mois d'octobre, de novembre et de décembre à élever sur tous les points importants de véritables redoutes; l'artillerie concentrée à Gonesse pouvait envoyer des batteries au Bourget, à Dugny, à Drancy, et les alimenter de munitions grâce aux belles routes qui desservaient leurs parcs.

Nous rentrâmes au fort, où nous reprîmes notre train-train désabusés, ne croyant guère à l'effort de la province, luttant contre le froid, continuant le service dont nous ne comprenions plus l'utilité. « L'on n'avait plus d'idées », disait-on entre troupiers.

Le Bombardement. Les forts de Rosny, Nogent, Noisy, Issy, Vanves, le Point-du-Jour, plusieurs arrondissements de la rive gauche étaient bombardés; les batteries du moulin d'Orgemont et d'Argenteuil tiraient sur la redoute de Gennevilliers. Le 14 janvier arrivait la nouvelle de la retraite de Chanzy; le 19 janvier c'était la bataille de Montretout et la retraite accoutumée après bien des pertes. Nous sentions bien que nous étions à la veille de quelque événement décisif; le tir de l'ennemi était chaque jour plus rapproché.

Les obus dépassaient les contres carpes, allaient exploser contre la maçonnerie du bastion ou sur le glacis ; des éclats blessèrent les hommes des petits postes établis le long des fossés. Le tour du fort était prochain; nous pressentions le bonbardement, mais nous qui n'avions reçu des obus qu'en plaine, nous étions loin de nous attendre à ce que serait le feu d'une nombreuse artillerie sur un but aussi limité que le fort.

Le 22 janvier vers 7 heures du matin, quelques obus éclatèrent dans la cour : les hommes coururent aux casemates. Le feu continua méthodique et toujours plus fourni d'heure en heure ; les projectiles tombaient tantôt au milieu de la cour, tantôt sur les remparts ; les éclats jaillissaient au loin et rendaient toute circulation dangereuse. C'est en vain que les artilleurs de la mobile et les canonniers de la flotte essayèrent de riposter ; le tir des Allemands était très juste : les projectiles rasaient le talus et éclataient dans la cour. Les ennemis avaient eu le loisir de repérer les distances sur notre carte d'état-major.

Des abris blindés avaient été construits pour protéger les projectiles entassés à proximité de nos pièces, mais ces pièces elles-mêmes n'étaient abritées que par le talus de l'escarpe et par des cavaliers, sortes de monticules élevés à chaque bastion pour arrêter les projectiles. Nos artilleurs furent décimés par les éclats d'obus, les affûts brisés ; le duel était bien inégal.

Une visite faite après le siège nous permit, à quelques camarades et à moi, de constater avec quelle science les Allemands avaient préparé le bombardement ; les maisons de Stains étaient blindées intérieurement au moyen de sacs de terre ; dans cet amas, des créneaux avaient été ménagés pour le tir ; nos projectiles ne pouvaient atteindre des artilleurs bien protégés, sûrs de leur tir et approvisionnés de munitions considérables.

De notre côté, les constructions en planches où les lignards et une compagnie de mobiles étaient logés furent éventrées dès les premiers coups ; les morts et les blessés gisaient sous les décombres. Des hommes dévoués allèrent relever les corps déchiquetés et les portèrent à l'ambulance dans des couvertures d'où le sang dégoûtait. Les étages des casernes furent bien vite traversés ; seul le rez-de-chaussée résista, grâce à la terre qui avait été amoncelée le long des murs. Toujours est-il que les abris capables de résister aux obus n'étaient plus suffisants pour la garnison. La foule des soldats s'était précipitée dans les casemates maçonnées où les hommes restaient debout, ne pouvant ni se coucher, ni s'asseoir ; la faim, la soif, l'émotion exténuait les malheureux.

Quand le pont-levis s'abaissa pour faire sortir une voiture d'ambulance, des centaines de mobiles qui guettaient la manœuvre, bousculèrent le poste de police et gagnèrent la campagne. Des centaines d'autres restaient, entassés dans les casemates, n'osant en sortir même pour les besoins impossibles à maîtriser.

Nous arrivâmes à organiser tant bien que mal le service des morts et des blessés ; la tâche était périlleuse, mais il y avait parmi nous des hommes de cœur qui risquaient bravement leur vie.

Les heures se succédèrent et le feu continua impitoyable, faisant des victimes nombreuses ; la troupe resta entassée dans les casemates ; seuls étaient exposés au feu quelques artilleurs faisant fonction de vigie et les hommes qui portaient les blessés à l'ambulance.

Vers 6 heures du soir, le bataillon reçut l'ordre de quitter le fort et de se réfugier à Aubervilliers; l'opération fut longue, car le poste de police veillait à la sortie par petits paquets, de façon à ne pas présenter au feu de masses compactes. Cette évacuation était une mesure sage, car les artilleurs et les lignards suffisaient à garder le fort, que les Allemands n'avaient certes pas l'idée de prendre d'assaut, protégé qu'il était par ses remparts auxquels n'avait été faite aucune brèche.

Les obus arrivaient moins nombreux sur le fort, paraissant dirigés alors sur la Double-Couronne et la ville de Saint-Denis dont les incendies striaient la nuit de lueurs rougeâtres. Vers 3 heures du matin, le poste de police fut relevé par la ligne, et les derniers mobiles quittèrent le fort de l'Est où nous avions vécu trois mois.

Le bataillon se rallia tant bien que mal à Aubervilliers, dans des maisons que le feu ennemi avait à peu près épargnées; nous nous installâmes dans les caves et les rez-de-chaussée, et nous pûmes après avoir mangé quelques croûtes, goûter un repos bien mérité. L'ordre se rétablit peu à peu, les distributions furent organisées et le service réduit à la garde de police ; les hommes flânaient dans les environs ou allaient à Paris. Nous sentions bien que la résistance était à bout et que la capitulation n'était qu'une affaire d'heures.

Nous apprenons l'armistice ; le lendemain nous rentrons à Paris. Celui de nos camarades, qui commandait le poste de police, eut la douleur de se faire relever par

Aubervilliers.

une compagnie prussienne; des saluts courtois furent échangés entre les officiers. Nos ennemis regardaient avec une sympathie marquée ces mobiles qui avaient souffert et rempli leur devoir dans des conditions si défavorables; quelques misérables, exténués par le besoin et livrés à eux-mêmes par le relâchement de la discipline, s'étaient attardés dans les caves; ils nous furent renvoyés à la nuit.

Retour à Paris. Le bataillon fut installé à la gare de la Chapelle, dans des hangars ouverts à tous les vents où il n'était guère possible de passer la nuit. Le poste de police fut établi dans un bureau abandonné, veillant sur les fusils qui allaient bientôt être versés à l'artillerie et livrés aux Allemands. Les hommes se dispersèrent, les uns regagnant leurs demeures à Passy, à Vaugirard, à Grenelle, les autres prenant gîte dans les maisonnettes autour des fortifications. Le matin, on venait aux nouvelles et aux distributions; l'on recrutait des hommes de bonne volonté pour le service de poste de police.

L'autorité vers le 10 février transporta le lieu des distributions sur les berges de la Seine, rive gauche entre le pont d'Iéna et le pont de Grenelle; il n'y eut plus de poste de police. Chaque jour, les distributions devenaient plus difficiles; les mobiles des autres bataillons se mêlaient à nos hommes; les gradés étaient menacés; les vivres étaient disputés.

Le 7 mars, le bataillon reçut la solde et les vives jusqu'au 14 mars; c'était le licenciement.

Nous ne revîmes plus nos hommes qu'après la Commune et au gré du hasard, les officiers eux-mêmes se perdirent de vue pour la plupart.

Toujours est-il que notre cher bataillon méritait que son souvenir fut sauvé d'un oubli total. J'ai fait de mon mieux pour rappeler sa bonne volonté, sa bravoure, ses épreuves.

Paris, mai 1910.

André SABATIER.

www.ingramcontent.com/pod-product-compliance
Lightning Source LLC
Chambersburg PA
CBHW060945050426
42453CB00009B/1127